*Wilhelm Germelmann*

# Die Wasserstrassen der Vereinigten Staaten Amerikas im Gebiet des Mississippi und der grossen Seen

*Wilhelm Germelmann*

**Die Wasserstrassen der Vereinigten Staaten Amerikas im Gebiet des Mississippi und der grossen Seen**

*ISBN/EAN: 9783954272914*
*Erscheinungsjahr: 2013*
*Erscheinungsort: Bremen, Deutschland*

© maritimepress in Europäischer Hochschulverlag GmbH & Co. KG, Fahrenheitstr. 1, 28359 Bremen. Alle Rechte beim Verlag und bei den jeweiligen Lizenzgebern.

www.maritimepress.de | office@maritimepress.de

*Bei diesem Titel handelt es sich um den Nachdruck eines historischen, lange vergriffenen Buches. Da elektronische Druckvorlagen für diese Titel nicht existieren, musste auf alte Vorlagen zurückgegriffen werden. Hieraus zwangsläufig resultierende Qualitätsverluste bitten wir zu entschuldigen.*

# DIE WASSERSTRASSEN
## DER VEREINIGTEN STAATEN AMERIKAS
## IM GEBIET
## DES MISSISSIPPI UND DER GROSSEN SEEN

VORTRAG

GEHALTEN

IM MINISTERIUM DER ÖFFENTLICHEN ARBEITEN IN BERLIN

VON

### GERMELMANN

WIRKLICHER GEHEIMER OBERBAURAT

MIT 22 ABBILDUNGEN

BERLIN 1913

VERLAG VON WILHELM ERNST & SOHN

## I. Einfluß der Einwanderung.

Die große Tatkraft und der ungewöhnliche Unternehmungsgeist des Volkes, unterstützt durch den reichen Segen an Bodenschätzen, hat in den Vereinigten Staaten Nordamerikas in den letzten 60 Jahren einen Aufschwung in wirtschaftlicher, geistiger und politischer Beziehung bewirkt, der die Völker Europas in Staunen versetzte. Will man diese Entwicklung richtig einwerten, so kann man nicht vorübergehen an dem Einfluß, den die Einwanderung seit der Mitte des vorigen Jahrhunderts ausgeübt hat. In dem Plan Abb. 1 ist dargestellt, aus welchen Ländern und in welchem Umfange der Zuzug erfolgt ist. Die höchste jährliche Einwanderung beträgt über 1,2 Millionen; im Laufe der letzten 60 Jahre haben durchschnittlich 355000, zusammen also rd. 22 Millionen Menschen die Fahrt über das Weltmeer angetreten, um sich in der Neuen Welt eine neue Heimat zu gründen. Gewiß waren es nicht die schlechtesten Elemente, die dieses Wagnis unternahmen. Viel Kraft und Intelligenz ist Amerika auf diesem Wege zugeführt worden.

In den ersten Jahrzehnten kam der Hauptstrom der Einwanderung aus den nördlichen Staaten Europas: Skandinavien, Deutschland, England. Seit 1890 hat sich das erheblich geändert; die Einwanderung aus den germanischen Ländern ist stark zurückgegangen, dagegen hat der Zuzug aus Italien, Österreich-Ungarn, aus Rußland und den Balkanstaaten in auffälliger Weise zugenommen. Sehr gering ist die Einwanderung aus der Schweiz, den Niederlanden und besonders aus Frankreich gewesen. Aus Spanien und Portugal war sie so klein, daß sie sich in dem hier gewählten Maßstabe nicht darstellen läßt.

Der Menschenstrom ergoß sich und ergießt sich noch heute zunächst über die östlichen Staaten, die von der Natur besonders reich bedacht und in denen die Vorbedingungen zur Beschäftigung großer Menschenmassen und zur Entwicklung einer umfangreichen gewerblichen Tätigkeit gegeben sind.

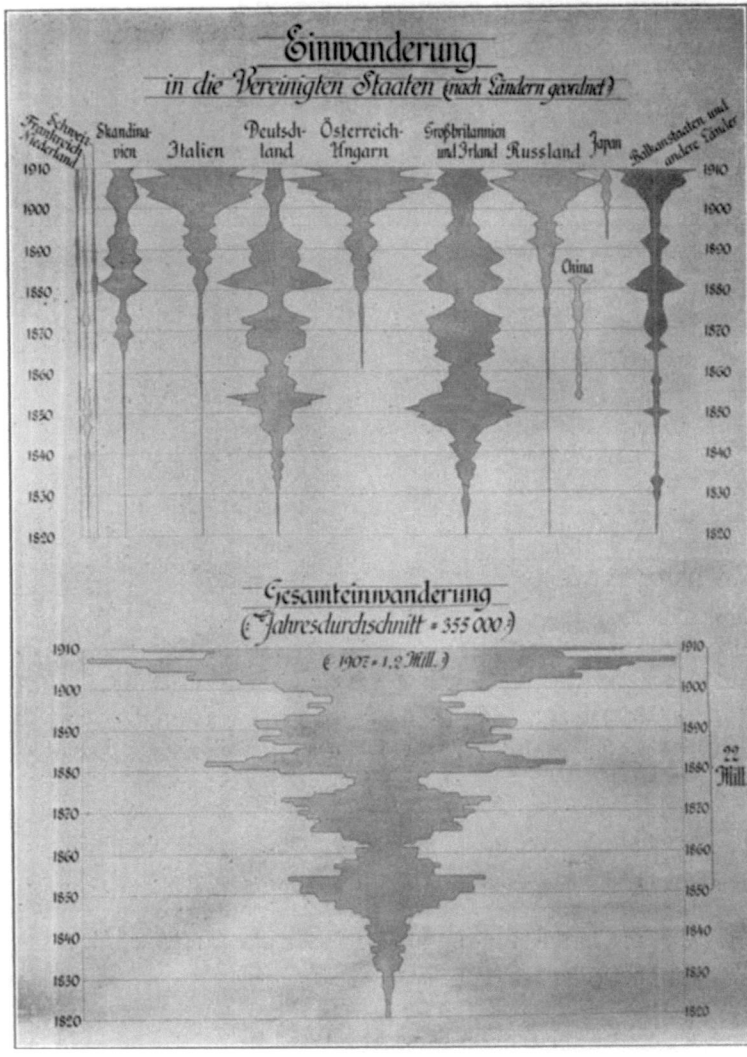

Abb. 1.

Die eigentliche Land- und Forstwirtschaft wird erst in den weiter westlich und nordwestlich gelegenen Gebieten des Mississippi gepflegt.

Von der für 1910 mit 120 Millionen Tonnen angegebenen Getreideernte werden hier allein etwa 90 Millionen Tonnen erzeugt. Von hier aus geschieht auch die Versorgung der Oststaaten mit Holz, Fleisch und den sonstigen landwirtschaftlichen Produkten.

Das wichtigste Kohlenvorkommen findet sich in Pennsylvanien und Ohio. Dort wird die für die Eisenindustrie so wertvolle Hartkohle in großen Massen und unter sehr günstigen Bedingungen gewonnen. Aus diesem Vorkommen werden 70 vH. der Gesamterzeugung der Vereinigten Staaten, die für 1910 zu 450 Millionen Tonnen angegeben ist, bezogen.

Die gewaltigen, meistens unmittelbar zutage tretenden Eisenerzlager in der Nähe des Oberen Sees liefern 75 vH. des Bedarfs der 480 Hochöfen Nordamerikas.

Wird endlich noch der Baumwollgewinnung im Bereich des südlichen Mississippi gedacht, so sind die Massenbefrachtungsgebiete festgelegt und die Verkehrsrichtungen bestimmt.

Landwirtschaftliche Erzeugnisse, Holz und Eisenerze bewegen sich vom Westen zum Osten, Kohlen und Industrieerzeugnisse vom Osten zum Westen, Baumwolle zum Osten.

## II. Die Verkehrsentwicklung im vorigen Jahrhundert.

Bis in die Mitte des vorigen Jahrhunderts wurde der Gütertransport fast ausschließlich auf den Wasserstraßen bewirkt, die zum weitaus größten Teil im Privatbesitz oder im Eigentum von Korporationen, Städten und den Einzelstaaten sich befanden. Es kommen hier in erster Linie das gewaltige Gebiet des Mississippi und seiner Nebenflüsse und die Großen Seen mit ihren Verbindungskanälen in Betracht. Außer diesem Hauptnetze vermittelten noch zahlreiche Küstenflüsse und Kanäle den Verkehr zum Stillen und zum Atlantischen Ozean. Die Gesamtlänge der schiffbaren Flüsse und Kanäle betrug damals schon rd. 46 000 km, wovon allein über die Hälfte auf das Mississippigebiet entfallen. Zu den allgemeinen Aufgaben der Bundesregierung gehörte die Pflege der Wasserstraßen damals nicht.

Mit der Einführung der Eisenbahnen trat in der Güterbewegung eine erhebliche Wandlung ein. Das Kapital zog sich von den Wasserstraßen zurück. Für ihre Verbesserung und Instandhaltung wurde wenig oder gar nichts getan. Die intelligent geleiteten kapitalkräftigen Eisenbahngesellschaften eröffneten einen vernichtenden Wettkampf, der unter den obwaltenden Bedingungen zu ungunsten der Wasserstraßen ausfallen mußte.

Abb. 2.

Wohl in keinem anderen Lande haben es die Eisenbahnen so verstanden, sich des gesamten Verkehrs- und Wirtschaftslebens zu bemächtigen wie in den Vereinigten Staaten.

Dank den vielfachen Beziehungen zum Großkapital und zu den wichtigsten Industrien hatten sie es in der Hand, die Frachtpreise festzusetzen und die Entwicklung weiter Landgebiete in ihre Abhängigkeit zu bringen, nachdem die Wasserwege lahmgelegt oder, wo dies nicht zweckmäßig erschien, in ihre Gewalt gebracht waren.

Dieser Zwang erregte den allgemeinen Unwillen. Schon in den achtziger Jahren des vorigen Jahrhunderts beschäftigten sich einflußreiche Kreise damit, eine durchgreifende Wasserstraßenpolitik einzuleiten. Aus diesen Bestrebungen sind eine Anzahl gesetzgeberischer Maßnahmen hervorgegangen.

1887 wurde die Interstate Commerce Commission gebildet, durch die die Tarife der Eisenbahnen kontrolliert und auch die Schiffahrtlinien, soweit sie von den Eisenbahnen abhängig sind, beaufsichtigt werden.

1899 übertrug der Kongreß der Bundesregierung die Aufsicht und Pflege über alle schiffbaren Flüsse.

1902 setzte er den Board of Review ein, der die Prüfung aller vorgelegten Wasserstraßenprojekte vorzunehmen hat, und endlich ist 1909 die National Water Way Commission ins Leben gerufen und mit der Untersuchung der Frage des Wassertransports und der Verbesserung der Wasserstraßen betraut.

Diese Wasserstraßenkommission hat das Ergebnis ihrer Studien, die sie auch auf Europa und besonders auf England, Deutschland, Frankreich und Holland ausdehnte, in einem ausführlichen Bericht dem Kongreß jetzt vorgelegt. Sie kommt zu dem Schluß, daß gut eingerichtete Wasserstraßen den Eisenbahnen gegenüber durchaus wettbewerbsfähig sind, daß die Eisenbahnen der Unterstützung der Wasserstraßen dringend bedürfen und daß deshalb die Verbesserung der Wasserwege und eine zweckmäßige Ausgestaltung der Beziehungen zwischen Eisenbahn und Wasserstraße, besonders die Anlage leistungsfähiger Umschlagshäfen und die Einführung billiger Tarife für ihre Benutzung im Allgemeininteresse energisch betrieben werden müsse.

## III. Der Küstenkanal.

Der Erfolg dieser Bestrebungen ist zunächst eine Flut von Projekten gewesen, deren Prüfung noch nicht ganz abgeschlossen ist. Die hervorragendsten von ihnen und besonders diejenigen, die sich auf das Gebiet der Großen Seen und des Mississippi erstrecken, mögen hier einer Besprechung unterzogen werden.

Der Vollständigkeit wegen sei vorher aber kurz des 5400 km langen Küstenkanals Erwähnung getan, der von Boston bis zur mexikanischen Grenze mit Abzweigung nach Key-West auf Florida geplant ist. Gedacht ist diese Wasserstraße von Boston bis Beaufort als Seekanal mit 8 m Wassertiefe. Weiter südlich soll sie als Binnenschiffahrtkanal mit kleineren Abmessungen hergestellt werden. Man meint damit die gefahrvolle Küstenfahrt zwischen den Haupthafenplätzen des Atlantic ausschalten, einen wirksamen Wettbewerb gegen die Eisenbahnen bilden und ein wertvolles Verteidigungsmittel im Falle einer Blockade der Küste schaffen zu können. Zur Ausführung ist zunächst nur der südlich von Philadelphia belegene Teil bis Beaufort bestimmt. Auch sind hierfür bereits Geldmittel zur Verfügung gestellt. Ob noch andere Teile, namentlich die südlichen verwirklicht werden, ist zweifelhaft.

## IV. Der Eriekanal.

Der Eriekanal vermittelt seit über 90 Jahren den Wasserverkehr zwischen den Großen Seen und New York und ist trotz der 4 Monate dauernden Wintersperre lange Jahre hindurch die Nährmutter New Yorks gewesen. Auch auf diesem Kanal ist der Verkehr durch die Eisenbahnen — es kommen hier die mit dem Kanal gleichlaufenden Linien der New York-Central- und der Erie-Eisenbahn in Frage — erheblich zurückgedrängt. Während der Eisenbahnverkehr von 1860 bis 1910 von 3,5 Millionen Tonnen auf 102 Millionen Tonnen stieg, fiel der Wasserverkehr, wie das Verkehrsbild auf Abb. 3 ergibt, von 2,2 auf 1,8 Millionen Tonnen. Nur um das Jahr 1880 ist ein lebhafterer Verkehr vorhanden gewesen.

New Yorks Überlegenheit anderen Ozeanhäfen, besonders Philadelphia und Baltimore gegenüber, würde in hohem Grade bedroht sein, wenn es den Eisenbahnen gelänge, den Verkehr zwischen den Handelsplätzen der Großen Seen und den Oststaaten ganz auf die Eisenbahnen zu zwingen und damit den Eriekanal vollständig lahmzulegen, so daß dieser nicht mehr als Regulator der Eisenbahnfrachten dienen kann. Die Möglichkeit hierfür ist vorhanden, denn die Eisenbahnfracht zwischen Cleveland und Detroit einerseits und Philadelphia und Baltimore anderseits ist wegen des kürzeren Weges geringer als die nach New York. Dazu kommt, daß Kanada, welches bereits Ende des vorigen Jahrhunderts zur Umgehung der Niagarafälle den Wellandkanal gebaut und damit den Verkehr der Großen Seen auf den Lorenzstrom nach Montreal gezogen hat, jetzt beabsichtigt, diesen Kanal wesentlich zu vergrößern oder ihn durch einen Kanal für 14 000 t-Schiffe zu ersetzen, der von der Georgian Bay durch den Nipessingsee und den Ottawafluß nach Montreal führen soll.

Von Montreal abwärts hat der Lorenzstrom eine Wassertiefe von über 10 m. Die großen Ozeandampfer können also hierher gelangen,

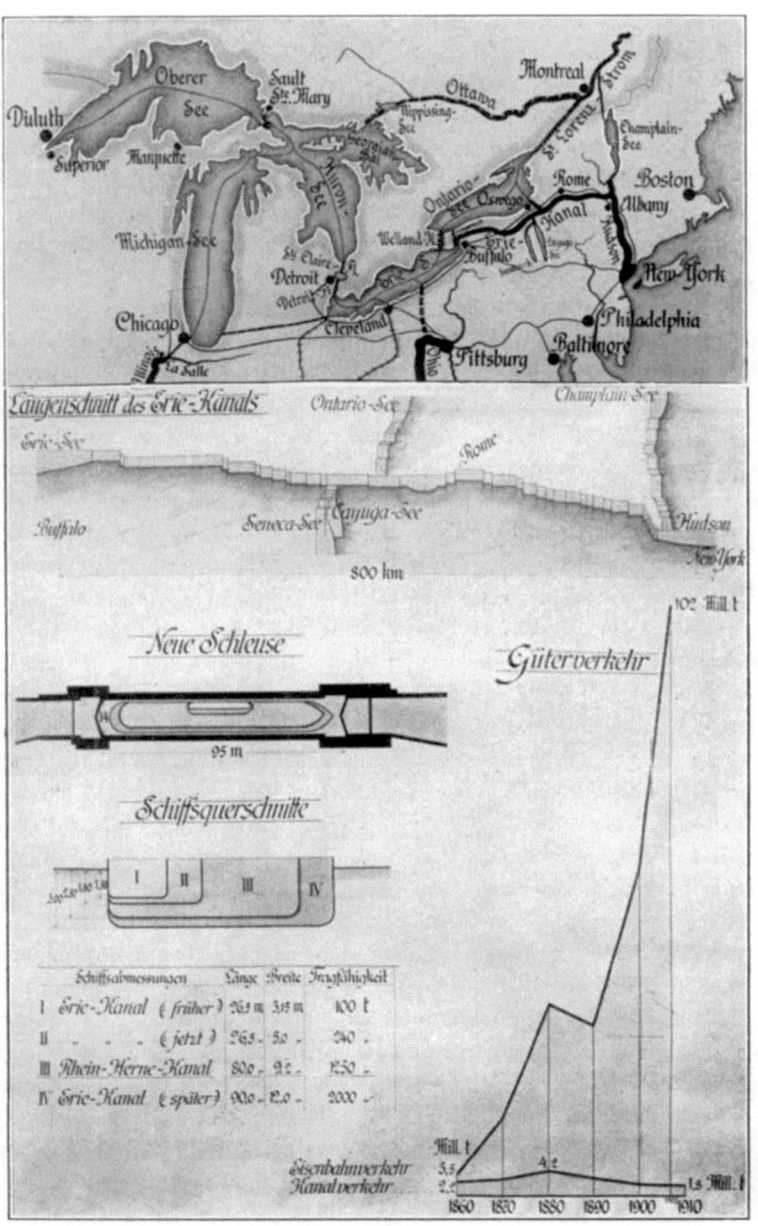

Abb. 3.

und es würde dann eine unmittelbare Verbindung für Seeschiffe von den Großen Seen über Montreal geschaffen sein.

New York hat also guten Grund, seine Verkehrsverhältnisse zu verbessern und sich den Ausbau eines leistungsfähigen Kanals zu sichern.

Im Jahre 1903 haben die gesetzgebenden Körperschaften des Staates New York für den Ausbau des Kanals die Summe von 424 Millionen Mark bereitgestellt, die 1909 um 100 Millionen Mark erhöht wurde. Dabei ist bestimmt, daß auch nach dem Ausbau auf diesem Kanal keinerlei Abgaben erhoben werden dürfen.

Nach dem endgültig festgesetzten Plan beginnt der Kanal am Ostende des Eriesees bei Buffalo und verfolgt annähernd die alte Handelsstraße, die den frühesten Ansiedlern und lange vor ihnen den Indianern als Verkehrsweg gedient hat. Bei Rome wird die Wasserscheide überschritten. Mit 35 Schleusen gegenüber 72 im alten Kanal werden die Höhenunterschiede überwunden. Außer dem Hauptkanal werden noch die Zweigkanäle südlich nach dem Senecasee und Cayugasee, nördlich nach dem Ontariosee bei Oswega und zum Champlainsee ausgebaut.

Über die Abmessungen, die der Wasserweg erhält, gingen die Meinungen zunächst weit auseinander. Eine Gruppe wollte sich damit begnügen, die Tragfähigkeit der Schiffe von 240 t, wie sie jetzt verkehren, auf 450 t zu bringen, andere hielten einen Kanal für 1000 t-Schiffe für das wirtschaftlich Richtige. Eine dritte Gruppe vertrat die Ansicht, nur ein Kanal für Ozeandampfer könne New York helfen. Es sei dann nach Fertigstellung der großen Schleuse bei Sault Ste. Mary die Möglichkeit gegeben, von Duluth und Chicago unmittelbar nach Europa zu verfrachten.

Der Staat New York hat sich mit der Ausführung auf der mittleren Linie gehalten. Es wird von Buffalo bis Albany am Hudson eine Wasserstraße von 3,7 m Tiefe gebaut, auf der Schiffe bis zu 2000 t Tragfähigkeit verkehren können. Von Albany bis New York benutzen die Schiffe den vorzüglich schiffbaren Hudsonstrom.

Bei Festsetzung dieser Abmessungen ist offenbar das Studium der deutschen Binnenschiffahrt, insbesondere der des Rheins, von Einfluß gewesen.

Die in Abb. 3 dargestellten Querschnitte und Grundrisse veranschaulichen den Typ der Schiffe, wie sie auf dem Eriekanal in seiner ursprünglichen Ausgestaltung und nach seinem mehrmaligen Umbau verkehrt haben und wie sie sich nach Fertigstellung des jetzigen Neubaues gestalten werden. Zum Vergleich mit deutschen Verhältnissen ist ein Schiff des Rhein-Herne-Kanals eingezeichnet. Der Schleusengrundriß ist nach der jetzigen Ausführung bemessen.

Die Gesamtlänge der Wasserstraße von Buffalo bis New York beträgt 800 km, d. i. etwa die Länge des Rheins von Basel bis Rotterdam.

Voraussichtlich wird der neue Wasserweg 1915 eröffnet werden. Die auf ihm verkehrenden Schiffe werden mindestens das 20fache der ursprünglich auf dem alten Eriekanal vorhanden gewesenen und das 8fache der noch jetzt verkehrenden Schiffe befördern können. Da die Beförderungskosten mit zunehmender Größe der Schiffe erheblich abnehmen, so ist die Behauptung der amerikanischen Wasserstraßenfreunde zu verstehen, daß die alten kleinen Kanäle dem Wettbewerb der Eisenbahnen unterliegen mußten, daß sie aber, vergrößert und neuzeitlich betrieben, befähigt sind, auch neben den Eisenbahnen ein wichtiges Verkehrsmittel zu bilden.

Der wirtschaftliche Erfolg der neuen Wasserstraße wird im wesentlichen darin bestehen, daß die Schiffsfracht Buffalo—New York auf die Hälfte herabgesetzt werden kann, wodurch New York ein dauerndes Übergewicht im Verkehr mit dem zukunftreichen Einflußgebiet der Großen Seen gesichert ist und die Eisenbahnen gezwungen werden, ihre Tarife für Durchgangsgüter in angemessenen Grenzen zu halten.

## V. Die Wasserstraßen der Großen Seen.

Die Stromschnellen des Ste. Maryflusses, die jetzt mit Schiffahrtkanal und Schleusen versehen sind, verbinden den Oberen See mit den 7 m tiefer liegenden Michigan- und Huronsee. Der Abfluß dieser, annähernd auf gleicher Höhe liegenden Seen nach dem wenig tieferen Eriesee vollzieht sich durch den Ste. Clairfluß und Detroitfluß. Vom Eriesee fällt das Wasser durch den Niagarafall zum Ontariosee und weiter zum Lorenzstrom.

Die Schiffahrt auf den Großen Seen hat sich aus kleinen Anfängen heraus entwickelt. Es war nicht kaufmännischer Unternehmungsgeist, der den französischen Abenteurer Chevalier de la Salle 1679 veranlaßte, am Eriesee einen Schoner zu bauen, sondern hier sollten die Entdeckungen eines Columbus und Cortez fortgesetzt werden. Mit dem kleinen, nur 60 Registertonnen haltenden Fahrzeug kam de la Salle hinauf bis zum jetzigen Chicago und weiter zum oberen Illinois. Hier wurde Schiff und Besatzung zum letzten Mal gesehen. Die heutige Stadt La Salle ist das Denkmal dieser kühnen Tat. Erst 1829 gelang

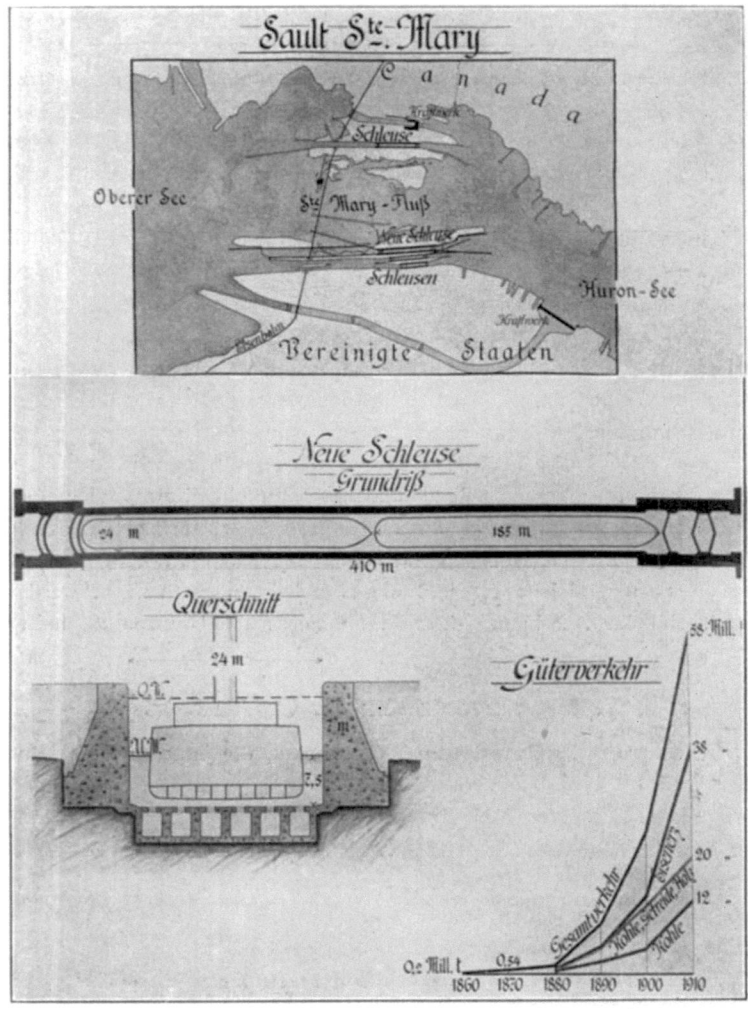

Abb. 4.

es, mit Segelschiffen bis zum Ste. Maryfluß vorzudringen. Ihnen folgte dann ein kleiner Dampfer, und bald darauf wurden für diese Fahrt 7 Schiffe mit zusammen 700 t Rauminhalt eingestellt. Diese kleine Flotte hat Veranlassung gegeben, daß vom Staate Michigan 1855 auf amerikanischer Seite der erste Kanal durch die Stromschnellen bei Sault Ste. Mary hergestellt ist.

Wohl kaum an einer anderen Stelle hat sich der Unternehmungsgeist so gelohnt wie hier. Heute verkehren neben einer großen Zahl von Segelschiffen und Kähnen über 2000 Dampfer mit einer Tragfähigkeit bis zu 14 000 t. Die Hälfte davon gehört den Eisenbahngesellschaften oder steht in ihren Diensten.

Mit dem Wunsche, die Schiffe zu vergrößern, konnten die Vertiefungsarbeiten an den Kanälen zur Umgehung und Durchbrechung der Stromschnellen am Detroitfluß, am Ste. Clairfluß und bei Sault Ste. Mary sowie der Bau größerer Schleusen an dieser Stelle kaum Schritt halten (Abb. 4).

1870 übernahm die Bundesregierung diese Schiffahrtanlagen. Damals betrug der Verkehr 540 000 t. Seitdem sind noch zwei

Abb. 5. Erzgrube bei Duluth.

Schleusen, eine an Stelle der alten, mit größeren Abmessungen gebaut, und in den nächsten Jahren geht eine dritte Schleuse mit rd. 410 m Länge und 7,5 m Drempeltiefe, in der zwei 14 000 t-Schiffe gleichzeitig Platz finden, ihrer Vollendung entgegen. Die Amerikaner glauben, hiermit die längste Schleuse der Welt zu haben.

Drei amerikanische und eine kanadische Schleuse werden künftig sich in die Bewältigung des Riesenverkehrs teilen. Tag und Nacht folgen sich hier während der 8 Monate dauernden Schiffahrtzeit die Dampfer. 1910 erreichte der Verkehr die hohe Ziffer von 58 Millionen Tonnen. Hiervon waren etwa 20 Millionen Tonnen Kohlen und landwirtschaftliche Erzeugnisse, rd. 38 Millionen Tonnen Eisenerz, welches den Gruben in der Umgegend von Duluth, Superior und Marquette entstammt. Die Eisenbahnzüge fahren unmittelbar in die Gruben hinein (Abb. 5), werden dort in wenig mehr als einer halben Stunde mit Dampfschaufeln beladen und bringen dann das Eisenerz nach den großen Häfen bei Duluth, Superior und Marquette, wo es auf langen

Abb. 6. Pier im Hafen bei Duluth.

Abb. 7. Beladung der Dampfer mit Eisenerz.

Piers in Erztaschen von 150 bis 350 t Inhalt abgestürzt wird (Abb. 6 bis 8). Die Dampfer legen sich an die Piers, und das Erz gleitet auf Schüttrinnen in den Schiffsraum. Ein 7000 t-Dampfer wird in 4 bis 5 Stunden gefüllt.

Das Erz wird nach den Hochöfenanlagen gebracht, die in der Nähe von Chicago und am Südufer des Eriesees entstanden sind, oder zu den Lagerplätzen in der Umgebung von Cleveland, von denen aus sie nach dem Pittsburger Bezirk verfrachtet werden. Das Entleeren der Erzdampfer geschieht bei Cleveland mit mächtigen verschiebbaren Kranen in 4 bis 5 Stunden. Das Erz wird entweder in bereitgestellte Eisenbahnwagen oder auf hinter den Gleisen liegende Lagerplätze, ohne nennenswerte Hilfeleistung durch Menschenhand, abgestürzt (Abb. 9 bis 11).

Abb. 8. Erztasche mit Schüttrinne.

Der Transportbetrieb wird so energisch gehandhabt, daß ein Erzdampfer die Reise Duluth bis Cleveland oder Buffalo, d. i. eine Entfernung von etwa 1400 km, in 8 Monaten Schiffahrtzeit 20 bis 21 mal macht. Die Transportkosten sind deshalb sehr gering. Auf diese günstigen Vorbedingungen ist wohl in der Hauptsache das erstaunlich rasche

Abb. 9. Verschiebbarer Kran.

Abb. 10.

Abb. 11.

Anwachsen der Eisen- und Stahlerzeugung in den Vereinigten Staaten zurückzuführen. Schon jetzt werden über 25 Millionen Tonnen Stahl und Eisen gegen etwa 16 Millionen Tonnen in Deutschland und etwa 10 Millionen Tonnen in England hergestellt.

## VI. Der Kanal quer durch Michigan.

Außer den großen Gütermassen, die sich in der Richtung Duluth—Buffalo bewegen, kommt noch ein bedeutender Verkehr, besonders von landwirtschaftlichen Erzeugnissen, auf der Linie Chicago—Buffalo in Betracht. Es lag deshalb der Gedanke nahe, diesen Wasserweg durch Anlage eines Seekanals quer durch Michigan um 400 km abzukürzen.

Der Plan ist von Interessentengruppen lebhaft verfolgt worden. Die vom Kongreß eingesetzte Prüfungskommission hat sich aber von der Zweckmäßigkeit und Wirtschaftlichkeit eines solchen Unternehmens nicht überzeugen können. Sie hält einen so langen schmalen Seekanal nicht für wettbewerbsfähig mit dem breiten offenen, wenn auch erheblich längeren Seewege. Vorläufig wird deshalb an die Ausführung dieses Planes wohl nicht herangetreten werden.

## VII. Die Wasserstraßen im Gebiet des Ohio.

Die große wirtschaftliche Bedeutung des Seengebiets macht es erklärlich, daß auch Pittsburg, dieses Zentrum der Kohlen- und Eisenindustrie, mit seinem mächtigen Verkehr es als Hauptlebensfrage

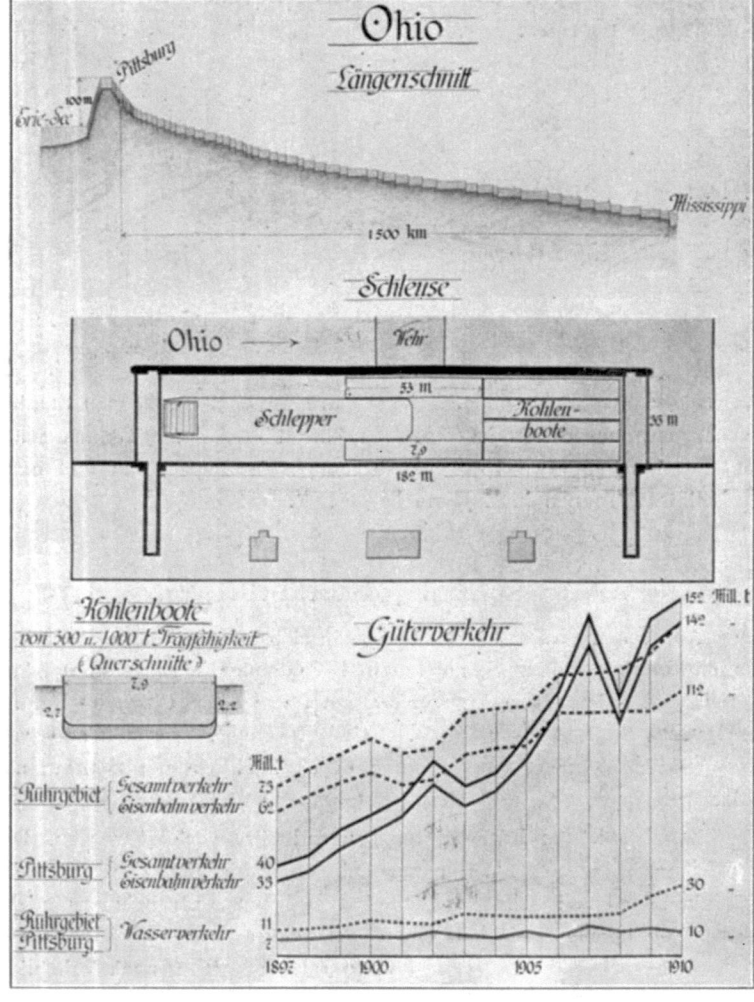

Abb. 12.

empfindet, leistungsfähige Wasserwege nach den Großen Seen und nach dem weiten Gebiet des Mississippi zu bekommen.

Durch Herstellung eines zeitgemäßen Kanals, der den Eriesee in der Nähe von Cleveland mit dem Ohio in Verbindung bringt, und durch den Ausbau des Ohio und seiner Quellflüsse hofft Pittsburg, seine Herstellungs- und Absatzbedingungen erheblich zu verbessern.

Zur Zeit ist es mit den Großen Seen nur durch zwei ganz unbedeutende rückständige Kanäle verbunden, die für den Verkehr so gut wie gar nicht mehr in Frage kommen. Geplant ist eine Wasserstraße ähnlich wie der Eriekanal. Eine Privatgesellschaft für den Bau des Kanals ist bereits 1906 gegründet. Abb. 12 zeigt einen Längenschnitt des Kanals und des Ohio bis zum Mississippi. Hiernach wird der etwa 100 m betragende Höhenunterschied zwischen dem Eriesee und der Scheitelstrecke und der Abstieg zu dem 70 m tiefer liegenden Ohio mit 30 Schleusen überwunden. Die Kosten des Kanals sind zu 250 Millionen Mark veranschlagt.

Da dieser Wasserweg die erzerzeugenden Gebiete der Großen Seen mit dem Kohlengebiet des Pittsburger Bezirks verbindet, so darf auf einen sehr lebhaften Verkehr gerechnet werden. Die Interessenten schätzen ihn nach 10 Jahren Betrieb auf 35 Millionen Tonnen. Die Prüfungskommission empfiehlt deshalb der Bundesregierung, die Herstellung dieses Kanals zu unterstützen und die Bearbeitung der Entwürfe und die Ausführung der Bauten den Staatsingenieuren, den Army-Engineers, zu übertragen, außerdem sich an den Kosten zu beteiligen.

Die Entwicklung des Verkehrs von Pittsburg ist aus dem Verkehrsbilde auf Abb. 12 zu ersehen. Es ist daraus zu entnehmen, daß der Wasserverkehr an der enormen Zunahme des Gesamtverkehrs, der 1910 152 Millionen Tonnen betrug, fast gar keinen Anteil gehabt hat; er ist seit vielen Jahren auf ungefähr 10 Millionen Tonnen stehen geblieben.

Um einen Vergleich der amerikanischen mit den Verkehrsbeziehungen in Deutschland anstellen zu können, ist auch der Eisenbahnverkehr des Ruhrgebiets eingetragen. Ihm ist gegenübergestellt der Wasserverkehr in den Häfen des Rheinisch-Westfälischen Industriegebiets. 1910 betrug der Eisenbahnverkehr hier 112 Millionen Tonnen, der Wasserverkehr 30 Millionen Tonnen, zusammen also 142 Millionen Tonnen.

Daraus geht hervor, daß auch bei uns sehr ansehnliche Verkehrsleistungen zu verzeichnen sind und daß den Wasserstraßen in Deutschland, dank der Fürsorge, die ihnen in den letzten Jahrzehnten zuteil geworden ist, im Transportwesen eine bedeutende Aufgabe zufällt. Trotzdem die Wasserwege in Deutschland nur $^1/_6$ der Länge der Eisenbahnen haben, sind sie am Gesamttransport mit über 25 vH. beteiligt. Seit 1875 hat der Verkehr auf den großen deutschen Strömen durchschnittlich auf das Neunfache zugenommen.

An der Verbesserung der Wasserstraßen in den Flüssen bei Pittsburg wird bereits seit einer Reihe von Jahren durch die Bundesregierung gearbeitet. Die den Ohio bildenden Quellflüsse sind auf 2,1 m Mindestwassertiefe ausgebaut. Auch die Kanalisierung des etwa 1500 km langen Ohio von Pittsburg bis zur Mündung in den Mississippi ist in Angriff genommen.

Auf dieser Strecke war bislang bei kleinster Wasserführung eine Wassertiefe von nur 0,5 m vorhanden. Geplant sind 54 Staustufen, von denen 1912 11 fertig waren. Nach Vollendung dieses Ausbaues, etwa 1922, wird der Ohio eine Mindestwassertiefe von 2,75 m haben, etwa wie der Rhein bei Cöln und die deutschen 600 t-Kanäle. Die Gesamtaufwendungen für alle drei Flüsse werden etwa 300 Millionen Mark betragen. Damit wird die Wasserstraße von Pittsburg abwärts bis zum Mississippi nach Ansicht der Staatsingenieure bis an die Grenze der Wirtschaftlichkeit ausgebaut sein.

Abb. 13. Schleppzug auf dem Ohio.

Verfrachtet wird auf dem Ohio in der Hauptsache Kohle, Sand und Kies. Die hierfür benutzten Boote tragen 500 bis 1000 t. Sie werden zu Schleppzügen zusammengesetzt, die oberhalb Pittsburgs nur aus wenigen Einheiten bestehen; von Pittsburg abwärts nimmt die Zahl der Boote erheblich zu (Abb. 13). Auf dem Unterlauf des Ohio und auf dem Mississippi werden zu Zeiten höherer Wasserstände in einem Schleppzuge 35000 bis 50000 t befördert. Die Fahrzeuge sind meistens sehr leicht aus Holz gebaut. Die großen 1000 t-Boote dienen hauptsächlich zum Kohlentransport nach New Orleans. Sie machen nur eine Reise und werden, ähnlich wie das früher in Berlin mit den böhmischen Zillen geschah, am Bestimmungsort als Brennholz verkauft. Eiserne Kähne sind bis jetzt nur wenig im Gebrauch.

### VIII. Der Mississippi und der Deepwaterway.

Wer diesen stolzen Strom gesehen hat, — er ist bei St. Louis mehr als doppelt so breit wie der Rhein bei Cöln — wird es begreiflich finden, daß die Bewohner des Mississippigebietes den dringenden Wunsch haben, die Kraft dieses Riesen unter den Strömen Amerikas zu bändigen und mehr als bisher in den Dienst der Allgemeinheit zu stellen. Die

Abb. 14. Mississippidampfer.

Abb. 15. Frachtdampfer mit Baumwolle.

Abb. 16. Werft von Memphis.

23

Geschichte der Vereinigten Staaten dreht sich zu einem großen Teil um die Herrschaft über diesen Strom.

Schon 1811 wurde von dem Urgroßonkel des Präsidenten Roosevelt — der sich gern dieser Tat seines Vorfahren rühmt — eine regelmäßige Dampfschiffahrt auf diesem Strom eingerichtet (auf dem Rhein erschien das erste Dampfschiff erst 1816). Der Mississippi bildete Jahrzehnte hindurch die Lebensader eines weiten Gebietes. Neben einem bedeutenden Gütertransport hatte sich ein lebhafter Personenverkehr entwickelt. Die schönen, bequem eingerichteten Mississippidampfer (Abb. 14) wurden von den reichen Farmern des Südens gern zu ihren

Abb. 17. Werft von St. Louis.

Geschäfts- und Vergnügungsreisen nach den großen Städten Kairo, St. Louis usw. benutzt. Ein fröhliches, ungebundenes Leben und Treiben herrschte auf diesen Schiffen.

Einen Einblick in den Ladeverkehr an der Werft von Memphis gibt Abb. 16. Die Dampfer liegen unmittelbar am geböschten Ufer; schmale Ladebrücken vermitteln den Verkehr zum Lande.

Abb. 17 zeigt die Werft von St. Louis. Hier liegen die Dampfer neben flachen Pontonschiffen, und von diesen aus führen Ladestege zum Ufer. Das Lösch- und Ladegeschäft wird durch Handbetrieb bewirkt.

1850 hatte die Mississippifahrt ihren Höhepunkt erreicht. Schon 1860 ging der Verkehr zurück und hat heute in den Hafenstädten, verglichen mit dem Gesamtverkehr dieser Plätze, nur noch eine ganz untergeordnete Bedeutung. Dem Gesamtverkehr in St. Louis für 1910 von 47 Millionen Tonnen steht, wie aus dem Verkehrsbilde auf Abb. 18 zu ersehen, nur ein Hafenverkehr von 0,2 Millionen Tonnen gegenüber.

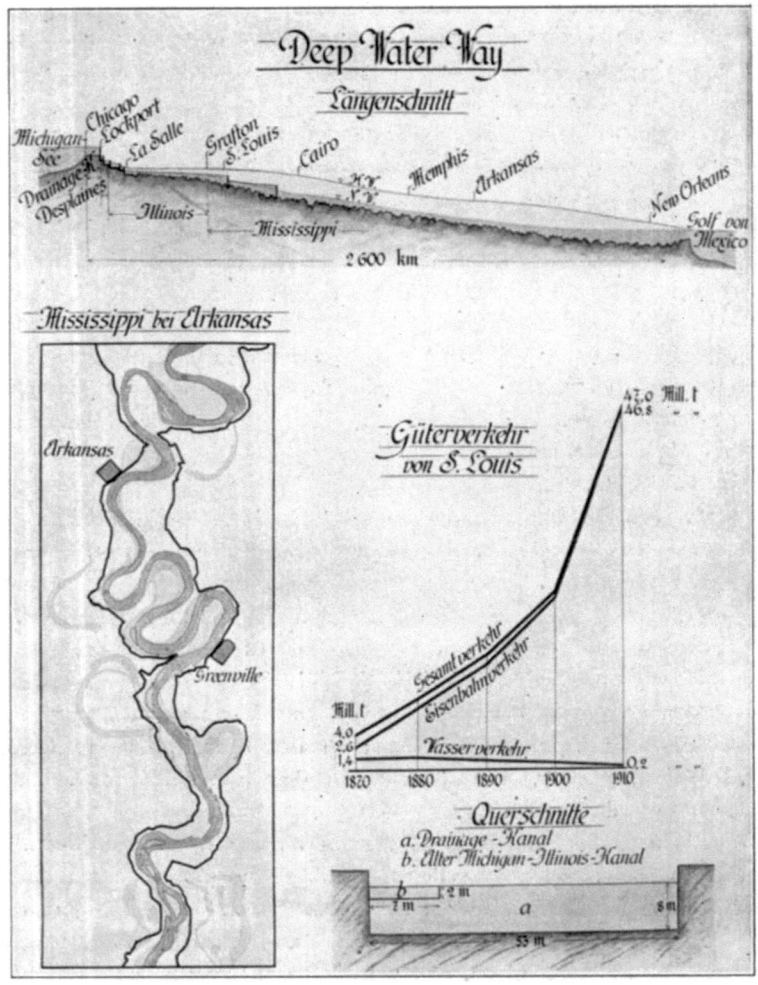

Abb. 18.

Im Jahre 1879 ist vom Kongreß die Mississippi River Commission gebildet worden. Seitdem hat sich die Bundesregierung des Stromes, besonders wohl wegen der großen Überschwemmungen im Baumwollgebiet am unteren Mississippi, wieder mehr angenommen. Durch ihre Staatsingenieure wirkt sie auf eine ordnungsmäßige Instandhaltung der Deiche, Ufer und des Fahrwassers hin. Auch hat sie jährlich etwa 25 Millionen Mark für diese Arbeiten zur Verfügung gestellt. Der Deichschutz ist durch diese Maßnahmen bedeutend verbessert.

Während bei dem großen Hochwasser von 1882 noch 282 Deichbrüche eintraten, sind 1903 nur 7, im letzten Jahre allerdings wieder 20 vorgekommen. Eine nennenswerte Besserung der Schiffahrtverhältnisse ist bis jetzt nicht eingetreten. Es wird zwar unterhalb der Ohiomündung eine Wassertiefe von 2,7 m, oberhalb eine solche von 2,4 m erstrebt, die bis St. Paul allmählich bis auf 1,8 m abnimmt; im Unterlauf des Missouri soll ebenfalls eine Wassertiefe von 1,8 m hergestellt werden. Tatsächlich erreicht ist dieses Ziel bislang nicht. Auf den zahlreichen Sandbänken ist bei Niedrigwasser vielfach nur eine Tiefe von 1,5 m vorhanden. Das kann auch nicht auffallen, weil eine planmäßige Regulierung des Stromes bisher nicht stattgefunden hat und auch vorläufig nicht geplant ist. Die Arbeiten beschränken sich auf die dringendsten Ausbesserungsarbeiten an den Ufern und Deichen und auf ein ziemlich planloses Durchbaggern der sich nach jedem Hochwasser bildenden Sandbänke.

Gefährlich für die Deiche und hinderlich für die Schiffahrt, besonders für das Löschen und Laden, sind die bedeutenden Wasserstandsunterschiede. Bei Hochwasser führt der Mississippi mehr als 30000 cbm in der Sekunde und steigt dabei bis zu 18 m über Niedrigwasser. Seine Hochwassermenge übertrifft diejenige des Rheins um das Dreifache, der Wasserwechsel den des Rheins um das Doppelte.

Seit mehr als 20 Jahren beschäftigen sich die Amerikaner mit dem Plan, unter Benutzung des Illinois und Mississippi einen leistungsfähigen Wasserweg herzustellen zwischen dem Michigansee bei Chicago und dem Golf von Mexiko, d. i. ungefähr eine Entfernung von 2600 km, also gleich dem Wege von Berlin nach Konstantinopel. Beabsichtigt wird ein „Deep water way" von mindestens 4,2 m Wassertiefe.

Die natürliche Gestaltung des Geländes in der Umgebung Chicagos ist der Durchführung eines solchen Vorhabens günstig, denn in vorgeschichtlicher Zeit haben nach der Feststellung der Geologen die Großen Seen ihren Hauptabfluß nach dem Mississippital gehabt; die

Wasserscheide zwischen dem Michigansee und dem Mississippi liegt jetzt nur 7 m über dem Seespiegel.

Zunächst soll der 48 km lange Drainagekanal vom Michigansee bis Lockport benutzt werden, der 1900 fertig geworden ist und den Zweck hat, die Abwässer von Chicago, welche früher in den Michigansee abflossen, aus dem die Stadt auch ihr Trinkwasser bezieht, in entgegengesetzter Richtung dem Desplainesfluß und weiter dem Illinois zuzuführen. Seine Abmessungen sind so gewählt, daß große Seeschiffe auf ihm verkehren können. Bei Lockport soll eine Schleusentreppe den Abstieg zum Desplainesfluß vermitteln. Von hier ab bis La Salle wird der Fluß kanalisiert und vertieft. Den 360 km langen schiffbaren Illinois und die Strecke des Mississippi von Grafton bis New Orleans hofft man durch Befestigung der Ufer, durch Ausbaggerung einer Stromrinne und durch Einschränkung des Stromschlauches auf ebenfalls 4,2 m Tiefe zu bringen und dauernd zu erhalten.

Im Mississippi selbst will man unterhalb St. Louis noch zwei Staustufen einbauen, die in erster Linie zur Kraftgewinnung dienen sollen.

Von den gesetzgebenden Körperschaften des Staates Illinois sind bereits 1908 für den Ausbau dieses Wasserweges im Gebiete des Staates Illinois 84 Millionen Mark bewilligt. An die Ausführung ist aber bislang noch nicht herangetreten, denn der von der Bundesregierung zur Prüfung des Gesamtunternehmens eingesetzte Fünfmänner-Ausschuß stellte die Möglichkeit, einen 4,2 m tiefen Wasserweg auf der ganzen Strecke durchzuführen, nicht in Abrede, erklärte aber einen solchen Ausbau für unwirtschaftlich und empfahl, die Vertiefung des Mississippi und des Illinois auf 2,75 m zu beschränken. Er begründete dies damit, daß eine so hergerichtete Wasserstraße mit der in den Nebenflüssen erreichbaren Tiefe mehr im Einklang stehe. Eine Wassertiefe von 4,2 m herzustellen, habe keinen Zweck, denn für die Binnenschiffahrt sei sie übergroß, und für Seeschiffe genüge sie nicht; hierfür seien mindestens 8 m Tiefe erforderlich.

Ein Sturm der Entrüstung erhob sich gegen diese Entscheidung. Die Interessentenschaft fordert energisch den Ausbau eines mindestens 4,2 m tiefen Wasserweges und bezeichnet die Bundesregierung als diejenige Stelle, die die Ausführung zu übernehmen habe. Viele Heißsporne verlangen einen 8 m tiefen Wasserweg.

Es scheint, als habe gerade der Hinweis des Ausschusses auf die Wassertiefe von 8 m das Drängen nach einem solchen Tiefwasserkanal —

ein Gedanke, der bereits bei Herstellung des Drainagekanals bei Chicago auf der Tagesordnung stand — wieder von neuem wachgerufen.

Der amerikanische Unternehmungsgeist hält es für durchaus zeitgemäß, daß durch einen tiefen Seeschiffahrtkanal mitten durch den ganzen Kontinent die Küste der Vereinigten Staaten verdoppelt wird, er sieht bereits Ozeandampfer den neuen Weg befahren, seine Blicke richten sich nach dem Panamakanal und weiter nach den ostasiatischen Absatzgebieten. Er hält den jetzigen Zeitpunkt für ganz besonders geeignet zur Inangriffnahme dieses großen Werkes, weil die Fertigstellung des Panamakanals nahe bevorsteht und erfahrene Ingenieure und ein vorzüglicher Gerätepark frei werden.

Die Bundesregierung verhält sich bislang diesem Drängen gegenüber sehr vorsichtig. Sie läßt jetzt, wie bekannt geworden, durch die Staatsingenieure nochmals die Frage prüfen, ob ein 2,75 m oder ein 4,2 m tiefer Wasserweg das Richtige ist.

Soweit es sich um die Strecke Lockport—La Salle handelt, sind nach den Erfahrungen am Panamakanal die technischen Schwierigkeiten der Ausführung und Erhaltung eines 4,2 m tiefen und auch eines 8 m tiefen Wasserweges nicht unüberwindlich. Unsicherer ist der Erfolg allerdings im Unterlauf des Illinois und besonders im Mississippi. Hier

Abb. 19. Durch Hochwasser beschädigtes Mississippiufer.

werden die großen Sandwanderungen der dauernden Offenhaltung einer tiefen Schiffahrtrinne schwere Hindernisse bereiten.

Wie die auf Abb. 18 dargestellte Stromstrecke — sie liegt unterhalb Arkansas — zeigt, ist der Mississippi heute noch ein sehr verwilderter Strom. Ganz nach Laune hat er sich sein Bett gegraben und dieses bei Hochwasser nach links und rechts oft um Kilometer verlegt. Im Strom selbst sind viele ausgedehnte Inseln, die Stromspaltungen hervorrufen, und große Überbreiten wechseln mit stark gekrümmten Stromengen. Auf eine ordnungsmäßige Selbsträumung kann unter diesen Umständen nicht gerechnet werden.

Abb. 20. Faschinenmatte als Uferdeckung am Mississippi.

Fast jedes größere Hochwasser verursacht umfangreiche Zerstörungen an den Ufern und führt damit dem Stromschlauch große Sandmassen zu. Die Ausbesserung dieser Schäden erfordert viel Zeit, Geld und Arbeit (Abb. 19 u. 20).

Einen ungünstigen Einfluß auf die Gestaltung des Stromes übt auch die Lage der Deiche aus. Diese verdanken ihre Entstehung meistens einem zufälligen Bedürfnis. Ein allgemeiner, auf den Abfluß des Stromes Bedacht nehmender Plan ist nicht aufgestellt. Die Deiche verlaufen deshalb oft in zickzackartigen Linien und sind den Stromangriffen in besonders hohem Maße ausgesetzt.

Auf diesen Umstand ist ein großer Teil der entstandenen Deichbrüche mit zurückzuführen.

Abb. 21. Deichbruch am Mississippi 1912.

Abb. 22. Deichbruch am Mississippi 1912.

Ob das außergewöhnliche, 49 Tage dauernde Hochwasser des vergangenen Jahres mit seinen 20 Deichbrüchen (Abb. 21 und 22), durch die das große Baumwollgebiet zu einem erheblichen Teil überschwemmt und ein Schaden von 180 Millionen Mark angerichtet wurde, Veranlassung geben wird, der Frage der Regulierung des Stromes, der Durchführung einer geordneten Wasserwirtschaft und der Ausnutzung der Wasserkräfte in rascherer Folge als bisher näherzutreten, läßt sich noch nicht sicher übersehen.

Jedenfalls fehlt aber noch recht viel zur Sicherstellung eines neuzeitlichen Schiffahrtbetriebes. Gewaltige Summen werden noch aufgewendet werden müssen, ehe der Strom in feste Bahnen gelegt ist und die Wasserstandschwankungen auf ein erträgliches Maß zurückgeführt sind.

Die Frage, welche Fahrwassertiefe auf dem Mississippi erreicht werden soll, ist mit der weiteren Entwicklung der hier in Betracht kommenden fruchtbaren Gebiete und mit dem Bestreben der Bewohner des Mississippitals, sich wirtschaftlich von den Oststaaten unabhängiger zu machen, eng verknüpft. Mit der Verwirklichung des „Deep water way" in irgend einer Form wird in absehbarer Zeit gerechnet werden müssen. Bemerkt sei jedoch, daß der Präsident Taft in der Eröffnungsrede zum River- und Harbort-Kongreß im letzten Jahre sich bestimmt gegen die Bereitstellung von Geldmitteln zum Ausbau des Mississippi für Schiffahrtzwecke ausgesprochen hat.

## IX. Allgemeine Schlußbemerkungen.

Zum Schluß möge noch eine kurze Betrachtung allgemeiner Natur hier Platz finden.

Bei dem Studium und der Besichtigung der amerikanischen Wasserstraßen, der Transporteinrichtungen und industriellen Anlagen drängt sich wohl jedem Besucher unwillkürlich der Vergleich mit den heimischen Verhältnissen auf. Nach den optimistischen Auffassungen vieler Amerikaner ist die Alte Welt, wenigstens soweit technische Gebiete in Frage kommen, bereits überflügelt und der Zeitpunkt nahe, in dem amerikanische Industrieerzeugnisse den ganzen Weltmarkt beherrschen. Auf dem Gebiete der Stahl- und Eisenerzeugung scheint in der Tat eine nicht unbedenkliche Konkurrenz entstehen zu wollen. Die Herstellungsbedingungen hierfür sind schon jetzt in den Vereinigten Staaten sehr günstig. Bei weiterer Verbesserung der Wasserstraßen, die naturgemäß auch eine Verbesserung des gesamten Transportwesens im Gefolge hat, werden die Frachten im Innenlande und auf dem Wege zum Atlantischen Ozean so gering, daß amerikanisches Eisen und amerikanischer Stahl auf dem europäischen Markt, besonders bei niedergehender Konjunktur, noch mehr als bisher in Wettbewerb treten wird. Nach Fertigstellung eines leistungsfähigen Wasserweges von Chicago zum Golf von Mexiko werden sie auch auf dem ostasiatischen Markt, wegen des kürzeren und billigeren Weges, voraussichtlich einen nicht unerheblichen Preisvorsprung bekommen.

Im übrigen kann eine für uns pessimistische Auffassung einer ernsten und nüchternen Prüfung nicht standhalten. Gewiß haben die Vereinigten Staaten, die in übertriebener Weise das Land der unbegrenzten Möglichkeiten genannt sind, gewaltige Leistungen in der Massenbewältigung und Massenerzeugung zu verzeichnen. Das darf aber nicht zur Überschätzung führen. Dazu liegt schon, wenn man die oben gegebenen Vergleichszahlen für das Pittsburger und das Ruhrgebiet betrachtet, kein Grund vor. Wir haben in Europa und nicht zum wenigsten in Deutschland, wenn auch unter anderen natürlichen Vorbedingungen, eine Menge großartiger und mustergültiger Anlagen, Einrichtungen und Bauwerke, die einen Vergleich in keiner Richtung zu scheuen brauchen.